JN410672

몸, 스며들다

스며들다

박병금 제3시집

세종출판사

시인의 말

일찍이 공자께서는
"배우되 생각하지 않으면 얻는 것이 없고
생각하되 배우지 않으면 위태롭다."고 했다.
살면서 우연히 시詩를 공부하게 되었고
틈틈이 쓴 원고를 모아
세 번째 시집 『물, 스며들다』를 상재한다
언제까지나 유년의 순수함을 잃지 않고
세상과 소통하면서 글을 쓰려고 한다
시가 나에게 무엇을 되돌려주거나
바꾸어주기를 바란 적은 없다
글쓰기는 나에게 즐거운 일이고
쓰면서 많은 것을 얻고 있는데
더 이상 무엇을 바라겠는가?
내 시의 한 편이라도, 또는 한 구절이라도
어떤 사람의 가슴에 닿아
마음을 정화 할 수 있다면, 공감해 줄 수 있다면
더 없는 고마움으로 생각하겠다.

2016년 봄

박병금

| 차례 |

제2부 이슬대

제3부 기억 속의 할아버지

제4부 작은 소망

제5부 바람의 혼

제1부
늘 푸름으로

봄

무언의 행간
깊은 그늘에서
발아되는 그리움

할 말이 많을 것도 같은데
묵묵히
그저 묵묵히

자고 나면
눈부시게 아름다운
넘치는 햇살

쉿!
은밀한 유혹
비밀스럽게

네가 첨 올 때도
그랬었지.

봄까치꽃*

우수 지나자
성급한 개구리의 구애 소리에
조용하던 호수 야단법석이다
한낮에도 싸한 대지의 냉기에
볽다그레 꽃눈이
순식간에 얼음꽃이 되어버리는 2월
양지바른 언덕에 봄까치꽃
까치걸음 총총 피었다
봄까치야 하고 불러보니
실눈같이 작은 눈을 깜빡인다
그래 개불알 보다는 봄까치가
훨씬 듣기 좋고 부르기도 좋구나
뒤에서 누가
나를 부르는 소리
봄이다.

*봄까치꽃: 일명 개불알풀

늘 푸름으로

늦가을 비 스친 자리
마른 나뭇잎 위 홀로 위풍당당한
초록 이파리
키 큰 리기다소나무는
바람을 등지고
잠행 중인 햇빛과 염탐 중인데
척박한 바위에 뿌리를 내리고
흔들림 없이 제 영역을 키워가는
상록의 마삭줄
가녀린 줄기 끝에
옹골찬 힘이 있다
높은 나무 천 길 낭떠러지에도
큰 팔 벌려
의기양양 짙푸름으로
그대 오라, 그대 내게 오라
온 가슴으로 나를 부른다.

뿌리

간밤 이 몸이 주무시는 동안
우리 집 베란다에 무슨 일이 있었는지
굳게 닫힌 출입문 모두는 안녕하신데
깨어진 화분 조각으로 바닥이 어수선하다

실오라기 같은 작은 뿌리가 모여
단단한 옹기를 뚫고 나온
서황금관음죽
스스로 알껍질을 깨고 나온 새끼 새의
위대함으로 느껴진다

근 20년간 한 자리에 눌려 있던
조밀한 일상들이 한계점에 닿아
어둡고 침침한 작은 골에서
더듬이처럼 발을 내려 제 영역을 키워 왔음이다
햇살의 잔등에 웅크려 있던 기억들이
깨알 같은 사연을 쏟아내며 용트림을 하는데

알렉스 헤일리가 갈구하는
쿤타킨테 자유의 경계 그 어디쯤

동방의 작은 변방 최빈국에서
수출대국이 되기까지
한민족의 뿌리가 결집하여 이룬 쾌거
아침, 더 큰 옹기에다 정성껏 분갈이를 하며
꿈의 대국 안에 듬뿍 물을 준다.

일출

해가 뜬다
산과 들 천지 사방에
불 밝히며 새날이 온다

어둠 속 긴 침묵을 깨고
얼음장같이 시린 내 가슴에도
불 밝히며 불 밝히며
새날이 온다

이 땅의 숨 쉬는 모든 생명
도열해 있는
저 나무들 하나하나에
실핏줄마다 온기 가득히

찬바람을 이겨내고
온 누리에 충만함으로 비추니
오, 눈부셔라.

큰 산 하나
오롯이 디딤돌로 받쳐 들고
우뚝 솟아올라 이대로
꼿꼿이 화석이 되어도 좋겠다.

생강나무

곤추선 산허리를 돌아
산수유 풋열매 아장아장
제 몸집을 키우는
시원한 바람 목에 섰다
티브이 속 자연인이라도 된 듯
틈만 나면 산속으로 들어가곤 하지만
보고 또 봐도
산수유꽃 생강나무꽃 같고
생강나무꽃 산수유꽃만 같으니
지난봄에는 생강나무꽃이라며 따다가
감기몸살 중인 어머니께
꽃차로 우려 드린 적 있었지
생강나무 향이 아니다 아니다는
어머니의 말씀을 벌로 듣고 있다가
지금 와서 그 나무 열매를
찬찬히 들여다보니 산수유다
성하의 옹골찬 햇살 따라
산수유 시나브로 여물어가는데
녹음을 평정하던 잎이 넓은 생강나무
저만치서 나를 보며 생강생강 웃는다.

두릅나무

사랑보다
미움을 먼저 알게 하십니까
다가서기를 거부하는 마음
이렇게 표현하십니까

바람이 온몸을 휘저으며 지나던 밤
지나온 세월이
아프다고
아프다고
그 억척스러운 삶

버린다고 버려지지 않는 것을
한평생 태초의 생명으로 버티고 선
어머니, 당신의 마음 이제
말하지 않아도 알 것 같습니다

우윳빛 진한 수액
잠시나마 가시 품었던 속내 들킬까 봐
푸른 손바닥으로 얼른
얼굴을 가리우는

안부를 묻다

콜록이는 작은 씨앗 하나
보자기에 소중히 담아
문을 꽁꽁 걸어 잠그고
깊숙한 곳에 가만 놓아두었지요
햇빛 하나 들어오지 않는 동굴 안을
날마다 바람이 기웃거리고
세찬 눈보라가 예고 없이
집안을 샅샅이 뒤지다 가곤 하였지요
바닥에 납작 엎드려 숨죽인 채
긴긴 겨울을 지내는 동안
작은 가슴에는 어여쁜 그리움 하나
싹트고 있었지요
오늘 아침 자분자분 걸어오는
따스한 햇볕의 미소에 문 열고 보니
작은 화분에서 꽃눈을 틔워
내게 안부를 묻네요.

산돌림*

점점 메말라가는 둠벙
남새밭 고춧대는
기진한 듯 고개를 숙이고
목 타는 호박 덩굴
깜박깜박 정신이 혼미할 즈음
화염병을 든 한 무리
시꺼먼 군중이 몰려온다
거리를 활보하던 사람들은
잰걸음 귀갓길 서두르고
삽시간에 주변은 캄캄 밤중이다
후드득 내리붓는 소낙비에
먼지 내음 훅 코끝을 누르고
압정에 박힌 수틀같이
팽팽한 햇살 쏟아지는
한여름 하오의 어느 하루.

*산돌림: 여기저기 돌아다니며 한줄기씩 내리는 소나기

봄, 추임새

산자고 여린 꽃잎이 하늘하늘
산수유 개나리 목련꽃
피고 나면
진달래 벚꽃 배꽃
추임새로 피어나고

산벚꽃
사분음표로 내려앉는 솔숲에
황사 바람 얼씨구나
장단을 치네

꽃대 올리다
깜빡깜빡 졸고 있는 풍란
등 뒤 업혀 오는 봄바람에
화들짝 얼굴 붉히는 봄

버들개지 치렁한 강물
수초 더미 낮게 낮게 몸을 뉘어도
찰싹대는 저 소리는
추임새로 일어서는 봄이다.

치자꽃

그다지 잘나지는 않았어도
이만하면 동네 어디를
내놓아도 손색없는 얼굴이지

초여름 새벽하늘에 반짝이는
아기별 같기도 하고
둔덕에서 바람을 기다리는
바람개비 같기도 한데

고혹적인 얼굴 보기만 하여도
심장이 쿵 내려앉을 만큼
혼을 쏙 빼놓는
내공 깊은 옹골찬 향기

어쩌다 집안 분위기가
좀 냉랭하다 싶을 때
창문 열면 쏘옥 빨려들어 오는
향기도둑 아영이.

흑장미

오뉴월 뙤약볕 아래
미친 듯 뿜어내는 불의 화신
정오의 햇살을 태우려
돋움 발 내딛어도
허공은 오르지 못할 외침이었다
푸른 철책 울타리를 따라
낭창낭창 포물선을 그으며
초록으로 흐르는
도도한 향기
줄기마다 빼곡한 상처는
푸른 오월의 과녁에
명중되지 못한
미움의 가시였나.

밤바다

깜깜한 밤에도
바다는 잠들 수가 없었다
슬금슬금 어둠 내리면
밀려오는 파도처럼
백사장으로 몰려드는 사람들

어둠은 빛을 삼키고
시간을 삼키고
손닿을 듯 가까이 내려앉는
달빛마저 삼켜버린다

밤낮 깨어있는
바다로부터
오매일여 깨달음의 경지는
시작되었는지 몰라

무심한 파도 소리는
아득히 먼 옛날 태곳적 소리인 듯
처얼썩 거리고 이 밤이 지나면
사람들은 또 지난여름을 그리워하겠지

겨울나무

바람이 빙그르르 허공을
한 바퀴씩 돌 때마다
앙상한 나뭇가지에는
검은 나뭇잎이 하나씩 돋았다

성한 것 하나 없이
크기도 모양도 제각각인
성교당 십자가 너머로 보이는
낡은 깃발같이 파르르
빈 하늘에서 한밤 내 울었다

한 때 푸르던 잎새 다 떨쳐내고
빈 꽃대궁 소등하는 계절
동장군 앞에서
나무는 묵언 정진 중인데

바람은 헛헛하다며 자꾸
나뭇가지에다 검은 비닐 하나씩
걸어두고 지나간다.

제2부
이슬대

그믐달

만물이 잠든 새벽
홀로 길 나섰구나
새벽 공기는 차고 냉랭하다
꽃 초롱 같은 마음 하나로
스스로 불 밝히며 걸어온
길의 한가운데
돌아보면 아득하여라
뒤늦은 출발이기에
감내하여야 할 아픔 더하지만
다시 어둠이 내리기 전
걸어가야 할 먼 여정
앞을 봐도 뒤를 봐도
홀로 가는 길은 아득하여라.

백내장을 앓다

살아갈수록 혼탁해지는 것이
마음만은 아니었다
초심으로 시를 짓겠다 하고서는
생각은 게을러지고
눈과 귀는
닫고 지낸 날이 많았다

좋은 것은 담고
나쁜 것은 보지도 말라는
부모님의 당부 저버리고
좋은 거 나쁜 거
볼 거 못 볼 거 다 보면서
보고도 못 본 척
들어도 못 들은 척하였다

쏟아지는 날 빛이 역광으로
희뿌연 황사인 듯 가물대는
백주에 나는
길을 잃은 바람으로 서서

눈을 크게 떠세요
눈을 크게 떠세요
사방이 빛만 보이는 수술실에서
부재중인 나를 찾고 있다.

홍가시나무

도심 속 차량 매연에도 기죽지 않고
바람결에 하르르 몸을 흔들며 웃는다
목이 타는 햇볕에도 눈살 찌푸리지 않고
봄이 되면 빨갛게 새순 올리는
홍가시나무
고향 떠나온 후 동창회에서 처음 만났던
여전히 천진난만한 그 친구는
거나하게 술에 취해서는
홍가시나무처럼 발그레한 얼굴로
했던 말 또 하고 했던 말 또 했다
친구야, 이제 더는 늙지 마라, 알았제
나만 늙으면 되니까 너그는 늙지 마라, 알았제
알았제, 친구야
홍가시나무 숱한 매연 홀로 다 받아마시며
늠름한 자세로
친구야 나는 검은 매연 마셔도 좋으니
니들은 맑은 공기 마시며 아름답게 살아라 네
차량 행렬 줄지어 오가는 교통섬 수벽
홍가시나무 홍채처럼 붉은 손
하루가 다르게 짙어가는 출근길 아침이다.

뜸 들이다

바쁘게 한 밥이 또 설익었다
설익은 밥을 먹고 출근한 날은
뜸이 돌지 않은 밥처럼
보고서에도 늘 오류가 생겼다

어릴 적 새벽녘이면
부엌에서 달그락거리던
어머니의 소리에 먼저 잠을 깨고
구수한 밥 뜸 도는 냄새에
허기를 눌렀다

농사일이 전부였던 그때는
오로지 밥심만이 목숨줄이라
어머니는 맨밥도 찰밥같이
차지게 만들어내곤 하셨다

고슬고슬 삶을 지어내던
어머니의 손맛처럼
건성으로 데면데면해 왔던 내 일상들을
오늘 하루 차지게 뜸 들이고 싶다.

갈대는

만추의 낙엽은 쓸쓸하여라
대책 없는 그리움에
오롯이 홀로된 섬이라고 느낄 때
강둑 길따라 갈대숲으로 가보시라

그리움에 목이 마른 갈대가
바람을 불러오고
바람 고비마다 온 힘으로 다시
일어서는 갈대는

서로 밀어주고 받쳐주면서
둘이 하나 되고 있음을
바람 앞에 쓰러져도
서로서로 울이 되고 있음을

갈대는 스스로
부족함이 많은 것을 알기에
홀로 아닌 둘이서 사각사각
그리움을 말리고 있다.

대화

손가락으로 대화한다
톡·톡·톡
긴말이 필요 없는
짧은 질문 짧은 답변

표정 없이도
소리 없이도
작은 점 하나에
작은 부호 하나에
미세한 떨림까지 느껴지는

천 리 밖에서도
더듬이의 촉수 하나로
꿀단지를 찾아오는
개미떼와 같이

이국만리에서
손전화기 하나로
엄마 품속 찾아오는
아들과의 대화

오른쪽 혹은, 왼쪽

강둑길 걸으며
마주 오는 사람을 피하려고
한쪽으로 비켜섰는데
그 사람 또한 같은 편에서
우린 잠시
멈칫하며 싱긋 웃는다

오른쪽 혹은, 왼쪽
삶은 끊임없는
선택의 순간이었다
갈까 말까, 할까 말까
산길로 갈까, 들길로 갈까
가보지 않은 길이기에
더 망설여지고 설레는 순간이다

가장 단순한 것이
가장 어렵다는 그 말
생각 속에서 별을 따고 있는 순간
벌써 떠나버린
내 첫사랑이 그러했던가

지금 이 순간
내가 가야 할 길 혹은
내가 선택해야 할 방향은
오른쪽일까, 왼쪽일까.

한 해를 보내며

선달그믐만 되면 찾아오는
마음의 병 같은 것이
부표처럼 떠돌아
진정제도 먹히지 않는 날에는

책상을 정리하며
시집의 잔여량을 살펴보고
수첩을 정리하며
잠시 잊고 지냈던 사람들에게
짤막한 안부 인사를 건넨다

매년 반복되는 일상들이지만
선달그믐이면
마음 들뜨는 것은
쌓였던 원고를 정리하듯
누구나 풀어야 할, 정리해야 할
매듭 하나씩 있기 때문이다

깊어가는 주름 위로
그리운 사람 더 그리워지고

손때 묻은 문고리에 한 꺼풀 더
시간의 흔적을 남겨야 하거늘

다가오는 새해에는
매사에 감사함으로
가마솥에 불을 지피듯
좀 더 참고 기다리며
일 년 내내 따스함으로 피어나거라.

물, 스며들다

하늘이 저리 높은 것은
빗줄기 허공에 수직으로 내리긋는
물방울 소리의 공명 때문이고

물방울 소리 저리 깊은 것은
일렁임 없는 고요함
천 길 물속 같은 마음 때문이다

마음이 평화롭고 고요한 것은
욕심 덩이 내려놓음으로
바람 앞에 사각사각
몸을 눕는 갈대처럼

물이 스며드는 것 또한
비움으로 순리를 거스르지 않고
스스로 낮은 곳을 지향하는
겸손의 마음 때문이다.

배탈

점심으로 생선회 두어 점을 먹고
책상 앞에 앉았는데
일촉즉발 위기감이 감돈다
처음엔 간간이 주파수를 보내오더니
시간이 지날수록
해적선이라도 만난듯
쿠르륵 쿠르륵 배 안이 요란하다
범상치 않은 침입자가 나타났으니
축출하라는 암묵의 신호이리라
자가 방어 체계의 지시에 따라
황급히 해우소로 달려가
콸콸 흐르는 물에 적군 소탕 성공
아, 평화롭다
매일매일 살아가는 전쟁통에
내가 가장 잘 알고 있다는
내 몸 또한 다 내 것이 아니었음이라

이슬대

서랍을 정리하다
소중한 물건인 듯
까만 봉지에
꽁꽁 싸매놓은
이슬대를 본다

보름달이 뜨면
꼬박꼬박
쉬지 않고 달 꽃을 피워내던
여자로서의 자존감
때 되면 이슬처럼 고웁게 받아
신전 앞에 바치던
붉은 꽃이었네

한때는 복사꽃 그늘에
서 있기만 하여도
낯 붉어지던 꽃 같던 시절이,
꽃다지
지나가는 바람의 몽니에도

부끄러움에 머츰하던
열꽃 같던 생애가
내게도 있었음을

서랍을 정리하다 말고
오도마니 앉아
저녁이 가져다 주는 산노을처럼
완경이 선물해 준
산 너머
아름다운 풍경을 그려본다.

가죽 자반

어머니는 지금
세 번째 덧 칠을 하고 계신다
찹쌀 풀 죽 쑤어
발그레 양념장 버무려
바람이 잘 통하는 서늘한 곳에
내다 널어 두고서
적당히 말려야 쫀득쫀득 먹기 좋으시단다

삶 살이 만만치 않은 세상이라
넘어지고 또 넘어지더라도
덧 칠하면 할수록
감칠맛 나는 가죽 자반처럼
꼿꼿하게 일어서 살아남아야
제 구실한다며

아들 없어도 딸 셋 너희
마음은 늘 박가 한뿌리 생각하며
단단한 가죽나무처럼
남 부럽지 않은 집안의 대들보 되라고

어머니 팔순 생신잔치 그날
서풍에 꾸덕해진 가죽 자반 먹으며
우린 서로 얼굴 마주보면서
참 맛있게 뭉쳐졌답니다.

내게 참 고마운 한 사람이 있습니다

창문을 열면 들어오는 상큼한 공기처럼
매일 신선함으로 내게 다가오는
한 사람이 있습니다
일상의 권태로움도 그 사람을 생각하면
마르지 않는 샘물같이 새로움 넘치는
그래서 더 맑고 아름다운 눈으로
세상을 바라볼 줄 알게 하는 힘을 길러주는
내게 참 고마운 한 사람이 있습니다
힘들고 지칠 때면 따끈한 차 한잔으로도
나를 기억해 주는 사람이기에
서로 멀리 있어도
매일 만나는 익숙함으로
그 사람의 이름만 떠올려도
그 사람의 작은 흔적 하나에도 나는 행복한
해 질 녘 조용히 내려앉는 먼 산 노을을 보며
우리 함께 아름답게 물들어갔으면 하는
내게 참 고마운 한 사람이 있습니다.

제3부

기억 속의 할아버지

봄비 1

안개비 자욱한 3월의 대지
다시 봄은 왔건만
지난날의 추억은
슬픔이 되어
하늘 한 귀퉁이
어슴푸레
목화처럼 번져온다
기다림에 목말랐던 나뭇잎은
심연의 긴 호흡을 토해내고
슬픔에 찬 호수는
담수한계선을 넘었다
조용히 봄비 내려
내 가슴에 잔잔한 파문을 일으키는
오늘 같은 날에는
그리운 사람 그리워하며
실컷 목놓아 울음울어도 좋겠다.

봄비 2

내 마음속의
빈 웅덩이를 채우고 나면
너로 인해 마음 아파할 일은
없겠거니 생각했다

멀리 있어 보고 싶은 마음
곁에 두고 보면
아려오는 그 마음조차 다
치유되겠거니 생각했다

가랑가랑 가랑비 내리면
감당할 수 없는 그리움
비 그치고 세월 지나면 다
잊히겠거니 생각했다

웅덩이를 채우고도
흐르는 물은 넘쳐 흘러갔지만
내 안에 고스란히 담겨있는
그리움은 어쩔 수가 없었네.

달맞이꽃

그대 보고픔에 달려갔다
그리움만 안고 돌아왔습니다
그대 생각나 찾아갔다
뒷모습만 보고 돌아왔습니다
돌아서는 내 마음 아프다
말하지 않겠습니다
돌아서는 내 발걸음 무거웠다
말하지도 않겠습니다
멀지도 가깝지도 않은
늘 그만큼의 거리에서
오래오래 당신을 지켜보는 것이
내 유일의 행복임을
알았기 때문이지요.

* 달맞이꽃 꽃말: 기다림

승학산 억새길

시간이 두고 간 길을 따라
억새꽃 유체이탈하는 승학산
바람의 등줄기를 타고
저 멀리 수평선이 자맥질하며 온다

자분자분 고른 햇살에
이별을 예감한 산 그림자
점점이 거룻배로 떠 있는 조각 섬에
몸을 뉘이고

갈길 재촉하는 바람은
산정 그 어디쯤 목화솜을 토해 놓고
가는 듯 아니 가고
오는 듯 아니 오는
투명 실루엣으로 그댈 기다리네

쪽빛 하늘은 깊어가고
산빛은 더욱 짙어가는데
아득히 먼 하늘길에
목놓아 울음 우는 억새 길

이별의 슬픔을 가슴에 묻고
나는 또 누군가를 기다리며
꿈결 같은 길을 걸어가네.

버려진 자전거

검부러기 흩어진
외진 골목길에
버려진 자전거 하나

어제까지도
페달을 밟기만 하면
오르막 내리막
기탄없이 골목 골목길
질주하였으리

이제 풍랑의 세월
바퀴에 감긴
세월의 무게에 눌려
상처투성이로 누웠나
바람 빠진 바퀴
빛바래 푸석해진 안장

꼿꼿한
두 바퀴의 균형으로

너를 다시
일으켜 세우고 싶다

내 손잡으면
일어설 수 있으려나
내 입김 불면
일어설 수 있으려나
돌담길 전봇대 옆
버려진 자전거 하나

둥지

따가운 햇볕이
내리붓는 유월의 덤불
고혹적인 빨간 산딸기 앞에서
걸음을 멈추었다

먹이 사냥하는
딱따구리의 긴 혀와 같이
덤불을 헤집고 팔을 뻗으면
사방에서 쪼아대는
가시의 침공

산딸기 하나 자세히 보니
그 안에 단물을 빨고 있는
또 한 마리 애벌레가 있다

어미의 종족 본능에 따라 깊숙이 숨어서
민둥산 같은 세속의 황량함은
애초부터 잊은 채
꼬물꼬물하는 새 생명

세상 물정 한참 어두운 아들 녀석
객지에다 두고 오던 날
세상 밖 풍경은 온통
잿빛 하늘이었다.

광고

조그만
계간 문예지를 받아드는 순간
좋은 시보다
칼라풀한 원색 광고 사진에
먼저 눈길이 간다
은나노 흑염소, 팔팔한 산 오징어
세상에서 가장 맛있는 삼겹살
단어만 떠올려도
입안에 군침이 도는
맛있는 먹거리에서부터
꽃잎호텔
따뜻한 미래 보장 솔루션 은행
자연과 사람을 생각하는 패션까지
첨언한다면 나는 빈 여백에다
빨간색 캘러그라피로
당신을 광고하고 싶네
참 좋은 당신
나는 당신이 있어 행복합니다.

얼음꽃

그립다
목젖까지 차오르는
아픔 누르고 눌렀다
보고 싶다
드러내지 못한 말 대신
밤새 제 몸을 비수처럼 찔렀다
먼저 가까이 다가서지 못한 죄
아침 햇살에 무릎 꿇고
속으로 속으로만
눌러 재워야 했던 뜨거운 피
한계점을 넘어
허공을 향해 솟구치는
고슴도치 사랑

가로등

어둠이 깊을수록 더
선명하게 떠오르는 기억
자신의 존재는
언제나 어둠이 말해주었다

모난 세상
이리 부딪히고
저리 부딪혀도
저 홀로 무덤덤한 낮달처럼

어두운 밤
술 취한 젊은이가
냅다 지르는 고성에도
마구 차대는 발길질에도
전깃줄에 동여맨 목줄 고요히

아침 동이 틀 때까지
머릿속 하얘지도록 이어지는 참선
어둠 앞에서도 당당해지고 싶다던
흔들림 없는 네가 생각나는 밤이다.

고등어 한 마리

오븐 위에 노릇노릇
익어가고 있는 고등어 한 마리
파랗게 빛나는 눈 깊숙한 곳에
출렁이는 바다가 보인다

돌아갈 수 없는 고향
발갛게 달아오른 호일 위에 누워
연방 몸을 뒤척이는데
오늘따라
술렁이는 환풍기 바람이 아프다

가끔은 큰 냄비에 무청 넣고
잠방하게 양념장 버무려
장작불에 푹 조려 먹던
어릴 적
그 고등어 맛이 그리운 저녁

연가

문틈 바람 소리가
할아버지의 기침 소리 같이
카랑카랑 엔진음의
쇳소리로 울리는 밤

그리움은 고플수록
더 높이 떠서 멀어지는
싸늘한 달빛이 됩니다

독야청청
휘몰아치는 겨울바람
몇 구비를 돌고 돌아야
그리운 님 빗장 풀고 오려나

가슴을 후비는 바람 소리
홀로 애틋한 사랑보다
내 마음을 데워 줄 누군가가
몹시도 그립습니다.

애마의 말

이미 달포 전부터
출근길 나의 애마 소리는
예전의 그 소리가 아니었다
아프다고 아프다고 절규하는 신음
내 삶에 허덕이다
미처 돌보지 못한 미안함이라

한 평생 주인의 손에 고삐 매여
거친 숨결로 밭일하던
우직한 소처럼
참다가 참다가 내지르는 고함
구멍 난 배기통에
바람 빠지는 소리였으리라

살아서 함께 누렸던 기쁨도 잠시
구석진 곳에 내버려진 한낱 고철 덩어리
녹슬어 숭숭 구멍 뚫릴 때까지
주인에 대한 배려
주인 알아달라고 울음 우는
울음소리였으리라.

대상포진

엄살 반 고통 반일성싶다
어정어정 걸어오는 남편의 뒷모습
면역력이 떨어지고
몸이 피곤하면
찾아온다는 대상포진이란다
퇴직 후
걱정 없이 놀고먹고 지내는데
왜 대상포진일까
새벽밥 먹고 직장 다니며
일하고 밥하고 빨래하고
궁둥이 부칠 시간 없이
이 늦은 시간까지도
시 쓴답시고 자판기 두들기고 있는
나는 멀쩡하건만
남편이 왜 대상포진일까
약 발라달라며 궁둥이 쭉 내미는
남편은 진짜 고통스러운 표정인데
나는 왜 자꾸 웃음이 날까
등 뒤에서 웃는 내 모습처럼
붉은 반점이 온몸 꽃으로 피었다.

기억 속의 할아버지

어릴 적 보아온 할아버지의 밥공기는
반질반질 윤기 나는 황금빛이었다
가마솥을 열고 항상
하얀 쌀밥만 먼저 가려 담던 그릇이었다

할아버지 출타 후 오실 때면 늘
헛기침으로 인기척을 알리셨고
어머니는 쏜살같이 달려나가 마중하셨다
할아버지의 흐트러짐 없는 표정은
갈기 수염 근엄한 수사자의 위엄 그대로셨다

슬퍼도 기뻐도 표정이 없으시던 할아버지
늦은 밤 티브이를 보면서
더 넓은 초원 위 터벅터벅
쓸쓸히 홀로 걷고 있는 수사자의 모습에서
지금은 아니 계신 할아버지를 생각한다.

제4부

작은 소망

폭설

소리 없는 혁명군이
온 세상을 포진 중이다
잿빛 하늘에는 포탄 재
백설기 은설기 내리쌓는다
사람들은 일찌감치 셔터를 내리고
라디오 주파수에 귀를 기울인다
도로 곳곳이 제 기능을 잃고
풀도 나무도 숨을 죽이고
혁명군에게 머리를 조아린다
산이 말문을 닫고
길이 집을 삼키는 순간
지지지 직
가녀린 주파수에
내 기억은 부재중이다.

장마

나뭇잎의 모공 더는 수분을 원치 않는다
빗방울 받아내는 소리 톡, 톡
뾰루지로 남아 아프다
잠깐잠깐 내비치는 햇볕 사이로
파란 이끼의 눅눅함이 뱉어내는
짧은 호흡
다시 혼잣말처럼 중얼중얼 내리는 저 비
쉽게 그칠 것 같지는 않다
그토록 심지 깊게 박힌 뿌리 흔들거리며
주기적으로 찾아오는 치통처럼
온몸을 짓누르는 아픔이 지나고 나면
젖어서 퉁퉁 불어 풀죽은 기억들이
움푹 팬 땅으로 함몰되어
소실점으로 떠내려가는 소리
집 안 구석구석 쿰쿰하고 지루한 말들이
주방 음식으로 부패해 간다
톡, 톡 감 이파리 낮은 소리로
아프다 신음할 적마다
나무 밑동 이끼 한 푼씩 더 자라고
고랑 물은 누런 속살 내보인다.

나무의 묘지를 지나다

신어산 가는 길
호젓한 숲길을 지나자
말끔하게 단장 된 마을 공동묘지가 있고
돌아서니 또 한 무더기의 무덤
여기저기 지저깨비 흩어져
참수당한 흔적이 낭자하다

묘비명도 없이 군집을 이루어 놓고
살생부인 듯 띄엄띄엄
나무의 허리에 붙여진 이력이
숲을 바싹 긴장하게 하고 있다
윙윙 건너편에서는 지금도 연신
전기 톱날 돌아가는 소리

늘 푸르던 숲의 제왕 소나무가
한순간 이리도 맥없이 쓰러질 줄이야….
존재 그 자체만으로도 듬직한
아버지였기에
몸져누워계셔도 위엄은 서릿발이었는데
잘려나간 밑동 나이테가 선명하다.

엘리베이터 셰프

저녁 무렵
사무실 엘리베이터는
다양한 요리를 코로 맛보는
음식 뷔페인가 싶다

짜장면에서부터 짬뽕 탕수육
김치찌개 된장찌개
전화기 하나면 다 해결되는

좀 전에는
닭강정을 배달하고 왔나 보다
펄펄 끓는 기름에 아삭아삭 튀겨진
닭강정 냄새가
정수리 끝까지 차오르면

도시락 싸서 출근하던 그때
늦은 점심을 먹을 때면
시큼한 김치 냄새가
철재 캐비닛 안에서
빼꼼빼꼼 기린 목을 내밀곤 하였다

"1층입니다."
등 떠밀어내는 엘리베이터의
안내소리에
퇴근길 발걸음이 빨라진다.

S라인 황금 레시피

기본재료-유산소, 무산소
양념재료-칼로리계산표
조리시간-1개월 이상 꾸준하게

[조리법]
먼저 음식 재료를 잘 배합해서
갖은 양념을 다 해 재워둡니다
양념장으로 조물조물 칼로리 계산표를 만들어
벼름박에 붙여둡니다

아령의 경우 들었다 놨다를 반복하는
횟수에 따라 모양과 맛이 달라지므로
밑간은 항상 3회 세트로 들어갑니다

볼륨업 완성 팁은
중불에서 뭉근하게 오래오래 데워야 합니다
땀방울이 하나둘 떨어져 나갈 때쯤
침샘을 자극하는 허기가 찾아오지만
절대 흰 쌀밥과 타협해서는 안됩니다

주의 사항으로는
계량컵을 이용하여 정량을 사용해야 합니다
과욕을 부리다간 오히려 병을 얻을 수 있고
이때까지 쌓아온 과정이 허사로
돌아갈 수 있기 때문이죠

좀 더 자극적인 맛을 원한다면
땡초와 함께 아령의 무게를 올리세요
王의 밥에 요요현상이 초를 치기 전에
인증샷은 필수지요
비포 앤 에프터

봄동

오후의 햇살이 소담스러운
요양원 앞마당 벤치
지나간 겨울의 혹독함은
손가락 지문까지 지워버린

그녀의 양손을 꼭 잡고 있으면
묻어두었던 과거가
각질을 벗겨내듯
노르스름한 속살로 내비친다

풀 죽은 듯한
깊은 눈빛
모진 한파에
정신을 놓아버렸을까

똑바로 설 수도 없는
누워 보내야만 했던 긴 세월
맨몸으로 받아내는
서릿발은 냉혹했다

맥없이 주저앉았나 했던
따비 밭 봄동
향긋한 봄 내음을 피워올리며
배추 고갱이
곧은 심지로 꼿꼿하다.

블랙박스

스무고개 수수께끼 놀이다
알면 알수록 깜깜해지는
비밀 탐정 놀이
내가 몰랐던 깊숙한 곳까지
그는 알고 있지만
스스로 묻지도 말하지도 않는다

냄새 맡고 달려드는 까마귀떼처럼
기억을 줍고자 하는 사람들이
몰려다니며 들었다, 놨다
요리 돌려보고, 조리 돌려보고
말하라 말하라 다그친다

시간에 눌리면
흔적없이 사라지는 것이
어디 기억뿐이겠는가
바람이 바람을 밀어내고
어둠이 어둠을 밀어내고
기억이 기억을 밀어내고
오버랩되는 사각의 프리즘 세상

혼탁한 세상에 뛰어든 사람들이
사리사욕에 눈멀어도
검은 그림자에 가려진
햇볕의 따스함을 알고 있기에
몰래 숨기고픈 비밀 하나쯤
가슴에 묻고 싶은 것이다.

손 있는 날

출근 시간 급한 마음에
황색 신호를 보며
간신히 신호등을 지났는데
머리께로 번쩍, 셔터 터지는 소리

아뿔싸, 잡혔네
손금 보듯 훤한 길에서 과태료 딱지 생각하니
근무 시간 내내 속이 꿀꿀했다

퇴근 시간 다 되어 차에 시동을 거는데
꿈쩍도 안 한다
하필 또 실내등이 켜져 있을 줄이야
흠흠, 이 일을 어쩌나
보험사 불러 배터리 수리하고

늦게 귀가하여 저녁 먹은 뒤
음식 쓰레기 내다 버리려는데
잘 있던 형광등이 또 고장 나 캄캄 굴 안이네
안되는 날은 뒤로 넘어져도 코가 깨진다더니

원 참!
더듬더듬 겨우 쓰레기 버리면서

소굴같이 어두운 골목길에도
신호위반 고지서 딱지는
군말 없이 우리 집 잘 찾아오겠지 생각하니
속이 또 뒤틀린다
오늘따라 서쪽 하늘 밤별은 유달리 반짝이고.

오래된 벽지

비 오는 날은 소리 없이 운다
거뭇거뭇 검버섯 위로 지나가는 생의 이력
푸른 숲을 누비며 꿈을 키워가던 시절도 잠시
서서히 탈색되어가는
황국 같은 허연 등을 내보이며
오늘도 못다이룬 꿈을 좇아
시렁 위에 차곡차곡 시간을 쌓아올린다
하루에 한 번씩 노을이 기웃거리고
비바람 찬 서리가 콜록거리며
계절의 변화를 예고하고 지나가도
표정없이 또 다른 가을을 맞이하곤 한다
만지면 으스러질 듯 마른 체구
얇은 문틈 바람에도 하르르 떨리는 표정
벌레 먹은 단풍잎 니코틴의 절은 연기가
가슴팍을 누른다
구석구석 파고드는 그리움
손때 묻은 선반 위에
이루지 못한 꿈의 한 장면이 아른거린다
방안까지 노을빛이 붉다.

작은 소망

새로 나온 내 시집을 들고
동네 작은 우체국으로 간다
양손 가득 동인 회원 주소록을 들고
팬지 꽃 하늘거리는 봄 거리를 걸어간다
간이 우체국에 도착하면
무뚝뚝한 남자 사무원이 나를 맞으리
혹시 배달이 잘못되어도 좋으리
인연 닿는 사람이면 누구나
가볍게 읽어 주기를 바라는 마음에
등기도 빠른우편도 아닌 일반우편으로 보낸다
가다가 길을 잃어 강원도 어느 산골 마을
정숙한 여인의 손에 닿아
시의 행간을 쫓다 보면
혹여 글쓴이가 궁금하기도 하겠지
연락이라도 닿는다면 부끄러운 마음
만지면 움츠러드는 미모사처럼
한없이 작고 작아져
따사한 산골의 봄 햇살 같은 그리움으로
다시 피어났으면 좋겠다.

종이비행기

집이 또 한 채 무너져요. 아이는 신이 났습니다. 농사일이 싫다며 문전옥답 한 마지기씩 다 팔아먹고 도시로 도시로 떠나가는 이웃 사람들. 빈집이 하나씩 늘 때마다 술렁술렁 바람구멍을 타고 종이비행기는 잘도 날아요. 웅 육중한 기계음 소리에 짓눌려 비행기가 종일 맥을 못 추는 다음 날이면 사각의 논 위에는 긴 대각선을 그으며 둔덕의 길이 하나씩 생겨요. 비행기가 내려앉던 앞마당도 앉은뱅이 꽃이 햇볕을 보듬고 놀던 담장도 폴폴 나는 먼지 속으로 희미하게 묻혀가요. 마을 사람들이 떠나간 포구나무 아래에는 밤마다 잎들이 재잘거리며 사람들의 흉내를 내곤 해요. 간밤 숙이네 누렁이 암소 새끼 낳았데. 아들 고시 합격하고 그 집안에 올해 경사 났네 그려! 포구나무는 아침이면 어둠을 털어내고 아무 일 없다는 듯 새들을 맞이하곤 하지만 숙이네 누렁이 암소도 마을 사람들의 흔적도 사라진 공터에는 종이비행기가 떼를 지어 날아요.

공기놀이

한 뼘도 안 되는
손 전화기 안에서
종일을 갇혀 사는 아이를 보며
어릴 적 공기놀이로
땅따먹기하던 시절을 생각한다

올망졸망 예닐곱 살 계집애들
모였다 하면
동네 어귀 포구나무 아래
공기놀이가 전부였지

하루의 무거운 시간을
손으로 받아내며
읍내 장에 가신 어머니를
기다리곤 하였지

틈만 나면
컴퓨터 게임에 몰두하고 있는 아이들
현란한 기계음의 소리를 들을 때마다
나는 흙내음 가득한
유년의 공기놀이를 하고 있다.

빈집에 대한 회상

객지에다
아들을 보내 놓고
덩그러니 홀로 지내야 할
초라한 방을 보며

어릴 적
학교 파하기 무섭게
집으로 달려가도
늘 공허하기만 하였던
엄마 없는 빈집을 생각했네

들일 나간
엄마를 기다리는 시간은
더디 흘러갔고
소금 자루처럼 무거웠네

집집이 모락모락 굴뚝 연기 보며
나도 빨리
어른 되기를 꿈꾸었던

하루의 수고로움을 녹여주는
아들의 원룸에서
반가이 맞이할 사람 없는
초라한 빈방을 보며

제5부

바람의 혼

동박새의 겨울 잠행

동박새 한 마리
포로록 포로록
동백 숲 주변을 맴도는
고요한 겨울 아침
층층이 열려 있는 꿀단지에
코를 박고 꿀을 빨고 있다
아래 위층 오르내리며
소곤소곤
성찬을 대하다 보면
부리 주변에는 어느새
노란 꽃술이 포슬포슬
굳이 그 흔적 지우려 하지 아니함은
벌 나비떼 오지 않는 겨울이면
어디서나 귀한 대접 받는다는 것을
동박새는 알고 있음이지.

고추잠자리

어디선가 날아든
고추잠자리
힘껏 날갯짓해보지만
매양 막혀버린 꿈

창문마다
보이는 저 숲, 저 나무 위
가야지 가야지
온 힘으로 파닥여도
주르르 주르르
미끄러지고 만다

사방으로 막혀버린
여기는 낯선 곳
내가 꿈꾸는 삶이
어딘가 있을 거야
가야지

스며드는 바람결 찾아
온몸이 부서져라 부딪치다 보면

조그만 틈새
언젠가 열리고 말 거야
푸른 풀 향기, 드높이 파란 하늘

가덕도 사람들 2

디지털 세상에 살면서
아날로그를 그리워하네
기다리던 섬이 육지가 되었는데
날이 가고 달이 가도 여전히 섬사람이다
내일이면 달라질까
모레면 달라질까
열리지 않는 보물 상자
밤이면 휘황찬란한 거가대교 주탑 아래
말문 닫은 차량 행렬만 줄지어 다닐 뿐
뭍사람들의 넘치는 발걸음에
섬은 아프다 신음한다
끊어진 도선은 기억 속 가물거리고
번호표를 단 시내버스가
섬 구석구석을 누비고 다녀도
사람들은 고기 잡던 그 시절이 그립다 한다
디지털 세상에 살면서
여전히 아날로그를 꿈꾸며

천년 고도를 걷다 1

– 삼릉 숲

숲 이끼 새파랗게
마음 다독여 온 세월
빽빽한 슬픔이 묻어나는
경주 삼릉 숲에 들어서면
아는 길도 잊어버리겠다

산안개 자욱한 아침 숲길에는
꼬물꼬물 금방이라도 살아서
하늘로 승천할 것 같은 용의 무리 속
당당하게 위용을 드러내는 삼릉

신전처럼 받쳐든 기둥 사이로
발 없는 바람이
아달라왕 신덕왕 경명왕릉을 에워싸고
오롯이 천년을 지켜온

우우우 저 멀리 들려오는
백제군의 말발굽소리에
햇살 기둥으로 방어하는 봉분 위
작은 솔방울 쉼표로 떨어진다.

천년 고도를 걷다 2

– 헌강왕릉

태평성대 신라의 흔적이었던가
4단 호석을 정성스레 돌려
봉긋하게 쌓은 원형 봉토
비록, 지금은 방치되어
잡풀 무성하여도
석문 가는 묘도 선명하거늘
문치로 나라를 다스렸음이라
백성이 그를 떠받드니
온 나라가 경사롭고 평안하여
거리마다 노랫소리 끊이지 않고
이웃 나라까지 화친이었음이라
고요한 숲길
찾는 발길 뜸하고
매미떼 목놓아 우짖는 여름의 끝자락
스치고 지나는 바람 또한
그때의 바람은 아니듯
모든 것은 한때이고 한순간이었음이라.

천년 고도를 걷다 3

– 주상절리 파도소리길

첫 만남은 언제나 설렘이었다
처음 등교 때가 그랬고
처음 직장 출근 할 때도
처음 소개팅을 앞둔 그 날에도….

천도의 뜨거운 용암과
차가운 바닷물의 만남
그 또한 그랬을까.

부채꼴 가지런히
해바라기꽃으로
맑디맑은 바닷물에 띄워놓고

파도 소리 경전으로
천 년을 한결같이
곱게 빚어 놓은 신의 절경

경주 읍천 주상절리에는
사시사철 애틋한 기다림으로
연꽃 해바라기꽃 국화꽃
무리 지어 피어나고 있다네.

꼬맹이 무아에는

꼬맹이 무아에 가면
탱자꽃 같은 추억의 통기타 선율이 아니어도
갈꽃 같은 회한의 슬픈 눈물이 아니어도

도란도란 얼굴 마주 보며
따끈한 커피 한잔으로도
울컥하는 그리움이 있습니다

가슴 저 밑바닥에
꾹꾹 눌러 재워두었던 추억들이 점점이 살아
되새김질하며 레코드에 인자 되면

참으로 영혼이 맑은 액자 속 그때 그 가수가
금방이라도 통기타를 둘러메고
시간의 태엽을 풀며
초록 잎의 음표를 쏟아 낼 것 같은

그래서, 빽빽한 슬픔을 뒤로하고
내 사랑했던 이와 서로의 허물을 별빛으로 꿰매어
또 다시 은밀한 추억여행을 꿈꾸게 하는

꼬맹이 무아, 그곳에 가면
열아홉 당신의 추억을
그때 그 시절로 돌려드립니다.

* 꼬맹이 무아: 부산 중구 신창동에 있는 오래된 음악감상실

바람의 혼

바람으로 숲에 누워 본다
햇볕은 고슬고슬 몸을 말리고
숲은 하늘 향해 제 몸집을 키운다
몸을 일으키자
작은 풀은 납작 엎드리고
큰 나무는 나무대로
얼굴을 묻고 허리를 굽신거린다
햇볕 다툼없는 초원지대에 서면
살짝 몸을 스치기만 하여도
하얀 속살 내보이며
미세 혈관 우듬지까지
따스한 온기로 되살아나는
바람의 혼
세상 바람이 한 세기를 몰고 가고
나를 일으키는 바람은 그대
그대가 없으면
나는 살아 있다 말할 수 없겠네.

어떤 하루

물젖은 머리로
그녀는 나가고 나는 들어간다
어떤 날
동네 목욕탕에 가면
만나는 그녀는
한 모퉁이에 앉아
늘상 혼잣말로 중얼거리며
머리만 씻고 또 씻는다
530리터 플라스틱 샴푸 통이
공명 소리가 날 때까지
헹구고 또 헹구는 그녀는
혼미해진 정신을 다잡는 중인지
헝클어진 마음을 다잡는 중인지
뿌연 수증기에 가린
그녀의 젖가슴처럼 밋밋한
하루가 또 지나간다.

낯선 길

우린 사내부부로
오랜 기간 직장생활을 함께하였다
남편은 전형적인 경상도 기질로
집이나 직장에서 과묵하다
더욱이 기계치라 아직 2G 휴대폰에다
전화번호도 종이쪽지에 보관하곤 한다
마누라의 생일에도
미역국이 밥상에 올라와야
대충 짐작하는 간 큰 남자였는데
세월이 약이라더니
퇴직하고 나이더니 조금씩 변해간다
더듬더듬 문자도 보내고
집 안 청소며 빨래도 하고
설거지도 곧잘 해놓곤 한다
어제는 혼자 저녁 운동 나갔다가
소나기를 만나
잠시 다리 밑에 피해있는데
믿기지 않았지만, 저 멀리
우산 들고 오는 남편이 보인다
이럴 때도 있구나…….

함께 집으로 가는 길
매일 오가던 그 길이
무척 낯설어 보인다.

백두산 기행 1

– 천지에 오르다

해란초가
양 길을 열어주는 천지 가는 길
하늘 맞닿은 마루금을 향해
낭떠러지 절벽 길을 휘돌아 간다

민족의 영산답게
쉬이 정상을 내어주지 않는
꼬불꼬불 나선형의 길을 따라
미니버스를 타고 끝없이 올라보니

변화무상한 천지
후두둑 빗방울이 듣더니
간간이 구름 흘러가는 백두산 북봉
황무지 저 능선에는 나무 대신
빽빽한 사람들로 인산인해다

그 틈새 비집고 내려다본 천지
오, 이리도 웅장한 칼데라 호가 있었던가
말로만 듣던 백두산 천지
가슴 뭉클한 순간이다

쪽빛 호수는
잔잔한 침묵으로 흐르고
이도백하
두 줄기 장백폭포 맑은 온천수에
손 담그니 두 민족의 마음
합수되어 따뜻한 온기로 흐른다.

백두산 기행 2

– 일월담에서

고풍스러운 호텔 로비를 지나
객실로 들어서는 순간에도
시간의 흐름은 이어지고

반질반질 손때묻은 벽면 대리석
소담스런 테이블
코르크 마개의 보온병에서
오랜 세월의 흔적을 느낀다

지구촌 방방곡곡 사람들이
스쳐지나 간 카펫 위의 발자국
그 위에 또 내 발자국을 남기며

깊은 호수처럼 조용한 대련역
눈부신 아침 햇살이
창문 틈 사선으로 내려앉는
이국의 땅
일월담에서 맞는 새날이 밝았다.

북경 자금성에는

북경 자금성에 가면
조용히 정지한 듯 흐르는 해자 건너
천하를 호령하던 황제의 소리 들리네
세계 최대의 궁궐이라
어마어마하게 넓어서
보는 것만으로도
주눅 들어 압도당하는 곳
구중궁궐에는 셀 수도 없는 많은 집채
그것도 부족하여
인위적으로 연리지를 만들어 놓고
황제는 위대한 자연까지 휘어잡노라
엄포를 놓았다네
비비 틀어진 연리지
싫다는 이
억지로 한 방에 밀어 넣어 이루어진
부부의 아픈 연을 보는 듯
속속들이 말로 못한 아픔이
울퉁불퉁 가슴에 옹이로 남았구나.

박병금 시집

물, 스며들다

초판1쇄 발행 2016년 6월 10일

지은이 박병금
펴낸이 이길안
펴낸곳 세종출판사

주소 부산광역시 중구 흑교로 71번길 12 (보수동2가)
전화 463 – 5898, 253 – 2213~5
팩스 248 – 4880
전자우편 sjpl@chol.com
출판등록 제02-01-96

ISBN 979-11-5979-023-2-03810

정가 9,000원

이 도서의 국립중앙도서관 출판예정도서목록(CIP)은 서지정보유통지원시스템 홈페이지(http://seoji.nl.go.kr)와 국가자료공동목록시스템(http://www.nl.go.kr/kolisnet)에서 이용하실 수 있습니다. (CIP제어번호: CIP2016012759)